AF450726

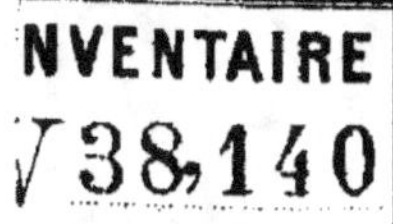

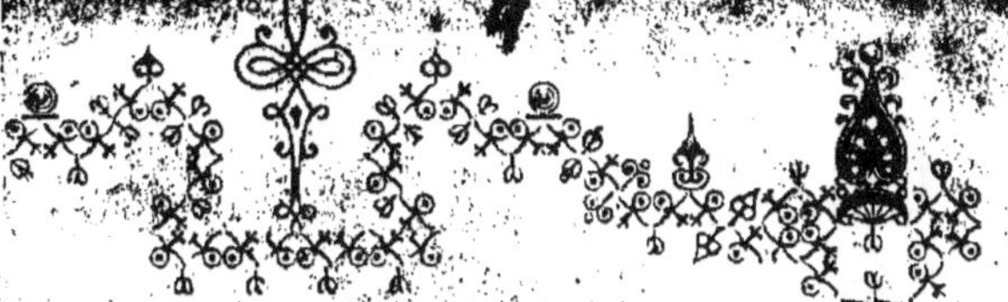

SOCIÉTÉ D'AGRICULTURE, SCIENCES ET ARTS D'ANGERS.

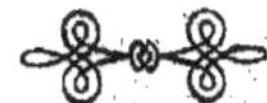

EXPOSITION

DE

PEINTURE ET SCULPTURE ANCIENNES.

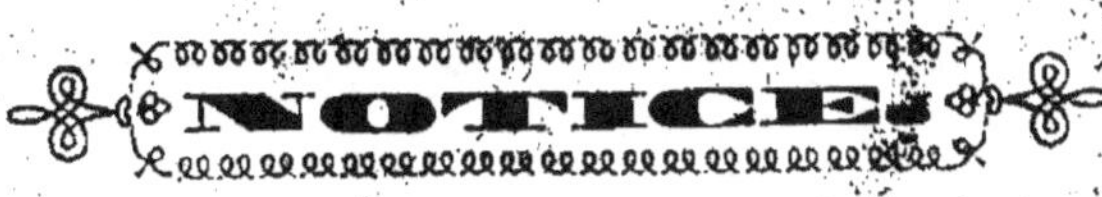

NOTICE.

Prix : 75 centimes.

ANGERS,

Victor Pavie, Imprimeur de la Société.

1839.

SOCIÉTÉ

d'Agriculture, Sciences et Arts d'Angers.

EXPOSITION

DE

PEINTURE ET SCULPTURE ANCIENNES

NOTICE

ANGERS,

VICTOR PAVIE, IMPRIMEUR DE LA SOCIÉTÉ.

1839.

Sur une proposition de M. H. de Nerbonne,
membre de la Société d'Agriculture, Sciences
et Arts d'Angers, tendant à ce qu'il fût fait une
exposition des objets de Peinture et de Sculpture
anciennes, contenues dans le département de
Maine et Loire, la Société, par sa délibération en date du 15 mars 1839, a admis ce principe, qu'elle a étendu aux Meubles et autres
Objets d'ornement, en appelant à y concourir
les trois départements compris dans le ressort de
la Cour Royale.

Par la même délibération, elle a nommé
Commissaires les membres ci-après, pris dans
son sein, avec pouvoir de s'adjoindre un nombre
déterminé de collaborateurs choisis dans l'étendue
du ressort,

MM.

Planchenault, *Président.*
T. Grille.
Mordret.
Quelin.
Hawke.
H. de Nerbonne.
V. Pavie, *Secrétaire.*

En conséquence , la Commission ainsi organisée s'est adjoint pour l'aider dans ses travaux,

MM.

Bazin.	Leroy.
De Brissac.	Mercier.
De Buzelet.	Morren.
De Chemellier.	De Montaigu.
Denais.	De Saint-Remy.
V. Godard.	De Senonnes.
Lange.	Villers.

————◆●◆————

LA SOCIÉTÉ D'AGRICULTURE, SCIENCES ET ARTS D'ANGERS ,

Pour entretenir et propager l'amour de l'art par la culture des Modèles , pour faire jouir le public du spectacle des belles œuvres disséminées et renfermées dans les galeries particulières, pour fortifier les esprits par des jugements et des comparaisons à établir entre les productions des Maîtres , et en outre pour parvenir à dresser

une Statisque générale (1) des sujets les plus précieux que comprend le ressort de la Cour Royale ;

Dans l'espérance aussi de provoquer ailleurs
un ensemble de travaux analogues qui en se mul-
tipliant grandirait l'importance des siens ;

A décidé dans sa séance du 15 mars 1839
qu'à la date du 31 mai prochain , époque de la
Fête-Dieu , elle ferait une exposition de Peinture et Sculpture anciennes ;

C'est pour parvenir à son but qu'elle a rédigé
le programme suivant :

ART. 1.ᵉʳ Une Exposition de Tableaux anciens
(sous cette dénomination il faut ranger non seulement les Tableaux des écoles anciennes , soit
signés , soit anonymes , mais encore ceux des
artistes morts en laissant quelque célébrité) aura
lieu à Angers ; elle sera formée d'œuvres com-
prises dans le ressort de la Cour Royale. Seront
admis en outre à cette exposition , bien que s'é-
loignant du but principal , les Dessins , Manus-

---

(1) Cette Statistique , appelée à compléter les rensei-
gnements relatifs à la biographie des grands artistes et
à l'histoire du pays , est l'objet d'un travail long et
consciencieux que la Société se propose d'entreprendre.

crits illustrés, Gravures encadrées (antérieures au règne de Louis xv); les copies contemporaines des Maîtres, sinon de leur école, les Émaux, Cuivres peints, Vitraux, etc. ; les Sculptures anciennes de toute matière et de toute forme, stuc, argile, porcelaine, Vases historiés, etc. ; les Meubles ciselés, sculptés ou peints (antérieurs au règne de Louis xv).

Art. 2. La Société nommera pour former le jury neuf membres qu'elle pourra choisir hors de son sein, dans les trois départements appelés à concourir.

Art. 3. Dix médailles frappées au coin de la Société seront réparties entre les trois sections, Peinture, Sculpture et Ornementation, et affectées ainsi qu'il suit : aux deux meilleurs Tableaux une médaille d'or et une de vermeil ; une de vermeil à chacun des morceaux supérieurs dans les deux autres sections susdésignées ; et dans chacune d'elles trois une médaille d'argent et une de bronze aux deux exposants des collections les plus précieuses. De plus il sera délivré un nombre indéterminé de mentions sur parchemin, portant le cachet en cire de la Société, pour être apposées sur les œuvres jugées les plus dignes. Elles feront fôi de leur date et de leur sujet, du nom du possesseur ainsi que de celui réel ou présumé du Maître.

Il est entendu que les Musées et Établissements publics ne sont point appelés à concourir.

Art. 4. Une notice rédigée avec précision, donnant un historique succinct de chaque objet remarquable, avec le nom du propriétaire, sera distribuée gratis aux exposants, et vendue au public.

Art. 5. Il sera affiché dans Angers, et dans les villes du ressort, un programme annonçant le genre, le lieu, l'époque et la durée de l'exposition, ainsi que les récompenses promises, informant le public des dispositions principales, notamment des précautions assurées pour le transport et le maniement des objets, et rappelant le but que la Société se propose. Le contenu de ce programme sera inséré dans les journaux.

Art. 6. Des circulaires spéciales seront adressées à tous les artistes et amateurs connus dans les trois départements, à l'effet de les instruire du but de l'exposition, et de provoquer leurs actives démarches auprès des personnes qui, viij

à leur connaissance , posséderaient quelques productions importantes.

Art. 7. L'Exposition durera un mois , et
s'ouvrira le 31 mai prochain , époque de la Fête-
Dieu. Elle aura lieu dans les salles basses de la
Préfecture.

Art. 8. On délivrera à chacun des exposants
des reçus revêtus du cachet de la Société.

Art. 9. Le plus grand soin sera apporté au
transport des objets, et à cet effet la Société choi-
sira des gens connus et adroits qui seront payés
par elle et surveillés par les Commissaires. Ceux
hors d'Angers (à l'exception des meubles) seront
également expédiés aux frais de la Société , toutefois sans garantie de sa part.

Art. 10. Les Commissaires seront engagés
à se montrer sévères sur les acceptations. La
Commission une fois organisée pourra charger
ses Membres de fixer dans les différentes villes
du ressort , un jour auquel il sera procédé , par
eux , à l'examen des objets proposés , et la Société ne supporterait les frais de transport qu'à
l'égard de ceux admis par suite de cet examen.

Art. 11. On ne recevra plus rien passé le 10 mai.

Art. 12. Le prix de l'entrée, libre seulement pendant les trois derniers jours de l'Exposition, sera de 25 centimes par personne. Le prix de ces entrées aidera à couvrir les frais.

A Angers, le 18 mars 1839.

Le Président de la Société d'Agriculture, Sciences et Arts d'Angers,

Signé **GAULTIER**.

Pour copie conforme :

Le Secrétaire-Général de la Société,

Signé **MILLET**.

Vu et approuvé, Angers, le 18 mars 1839.

Le Maire,

Signé **CHEUX**, adjoint.

Vu et approuvé, Angers, le 18 mars 1839.

Le Préfet,

Signé **P. GAUJA**.

En procédant à la rédaction de la Notice , la Commission ne s'est point dissimulé les questions délicates que ce travail pourrait soulever ; toutefois , sans décliner la responsabilité de ses jugements , elle a cru devoir en bien déterminer la nature, par l'indication du principe qui l'a dirigée dans sa marche.

Ainsi, relativement aux origines, elle a statué moins sur l'œuvre en elle-même que sur l'ensemble des traditions alléguées et la validité des témoignages produits. Le petit nombre de ses affirmations absolues surtout vis-à-vis des plus imposantes renommées , fait foi de sa scrupuleuse réserve à cet égard. Elle a dû , au contraire , prodiguer les signes de doute , afin d'ouvrir une large porte aux documents précieux qui pourront les convertir en certitude.

Si le mot *attribué* a souvent été employé par elle , là où le possesseur lui-même avait désigné un nom d'Auteur , cette mesure , toute de circonspection , n'a nullement eu pour but de contester une authenticité.

Là où tout renseignement lui a manqué, elle y a suppléé par la désignation soit des genres soit des écoles.

Quant aux œuvres signées, tout en reproduisant la signature, elle n'a point entendu leur conférer par là l'autorité d'un titre plus ou moins discutable.

Les objets composant cette Exposition sont classés en trois divisions principales, appelées à concourir, aux termes de l'article 3 de l'arrêté de la Société, et dont la première seulement se partage en plusieurs sections, comme ci-dessous;

1.re DIVISION. — PEINTURE.

Tableaux.	Emaux.
Pastels.	Vitraux.
Gouachés.	Mosaïques.
Dessins.	Tapisseries.
Manuscrits illustrés.	Gravures.

1.re DIVISION. — PEINTURE.

Tableaux, Pastels, Gouaches, Dessins, Manuscrits illustrés, Émaux, Vitraux, Mosaïques, Tapisseries, Gravures.

M. ADVILLE.

Tableaux.

1. Portrait de Mme de Chantal.

   La ville d'ANGERS.

Manuscrits.

2. Décrétales de Grégoire IX, *cum glossâ Joannis Andreæ;* in-f° à deux colonnes. (Ecriture lombarde du XIVe siècle.)

   La tranche porte les armoiries de la maison de Laval et celles de Beaumont-le-Vicomte.

3. Décrétales de Grégoire IX, *cum glossâ Bernardi papiensis;* in-f° à deux colonnes. (Ecriture lombarde du XIVe siècle.)

4. Code de Justinien, in-f° à deux colonnes. (Ecriture lombarde du XIVe siècle.)

2

M. BAILLOU de LA BROSSE, de Saumur.

Emaux.

5. Sainte famille. (1547.)
6. Sainte famille, sujet mystique.
7. Jésus livré aux Juifs.
8. Jésus devant Pilate.

M. RAOUL de BARACÉ.

Pastels.

9. Portrait de femme.

M. BAUGÉ, Curé de Candé.

Tableaux.

10. Adoration des bergers ; sur bois avec encadrement de médaillons et d'arabesques. (XVIe siècle.)

Gravures.

11. Le marchand de chapelets, d'après Greuze. Marais. (Avant la lettre.)
12. Jésus chassant les marchands du temple. Allégorie au sujet de l'expulsion des conseillers de Rouen. (1774.)

M. BAZIN, Professeur de peinture.

Tableaux.

13. Portrait en pied de Louis XIV. Attribué à Rigaud.

14. Jeune paysan portant un nid d'oiseaux dans son chapeau. Boucher.
15. Paysage. Sarrazin.
16. Paysage. Sarrazin.
17. Halte militaire.
18. Petite marine. Signé J. Vernet.
19. Le bon Pasteur, esquisse attribuée à Carle Vanloo.
20. Renard pris dans un piège. Oudry.
21. Paysage. Guaspre Poussin.
22. Pêches et raisins. Attribué à Desportes.
23. Intérieur de la maison d'un garde. Attribué à Drolling.
24. Portrait d'un récollet. Besnard.
25. Le retour de la chasse, sur bois.
26. Une vieille femme caressant un chat, sur bois. Bilcoq.
27. Bataille. Le Chevalier de Bredel.
28. Le retour du cuirassier. Le Cœur.
29. Vénus dérobant une flèche à l'Amour, sur verre. Geoffroy.
30. Portrait du frère du Titien. Attribué au Titien.

Ce portrait a fait long-temps partie de la galerie du Cardinal Fesch.

31. Berger gardant des chèvres. Rosa.
32. Saint François en méditation, esquisse attribuée au Dominiquin.
33. Tobie conduit par l'ange, sur bois. D'après Salvator Rosa.

34. Saint François visité par un ange, esquisse. Genre du Dominiquin.

35. Les Maries au tombeau, esquisse attribuée à Annibal Carrache.

36. Adoration des bergers, genre miniature. Attribué à Schedone.

37. Petit paysage (figures ajoutées). Swebach.

38. Vue de l'Observatoire de Paris. Signé Van Der Meulen.

39. Vue de la butte de Montmartre. Signé du même.

40. Jésus insulté par les Juifs, esquisse attribuée à Van Dyck.

41. Les Bohémiens en orgie, sur bois.

42. La marchande de sardines. Attribué à Ad. Ostade.

43. Décollation de Saint Jean. Genre de Rubens.

44. Paysage. Signé Wynants.

45. Intérieur d'une chapelle, sur bois. Attribué à Steenwick.

46. Attaque d'un village au temps des Guelfes et des Gibelins, sur bois. Jean et André Both.

47. Passage d'un gué. Berghem.

48. Bacchus et Silène (très retouché). Attribué à Jordaens.

49. Portrait en pied d'un officier, esquisse. Genre de Casanove.

50. Paysage, un coucher de soleil, sur bois. Van Der Neer.

51. Naufrage pendant la nuit. Attribué à Dietrich.

52. Danse de villageois à la porte d'une hôtellerie. Signé Jean Miel.
53. Sainte Catherine. Attribué à Murillo.
54. Sainte Elisabeth (très retouché). Attribué au même.

Dessins.

55. Choc de cavalerie. Genre de Parrocel.
56. Portrait du Cardinal de Rohan. Joseph Marchand, professeur de dessin à l'école centrale d'Angers.

M. BÉCLARD.

Vitraux.

57. Trois sujets sous le même numéro.

M. BESNIER fils, de Saumur.

Tableaux.

58. La vierge aux rochers, sur bois. D'après Léonard de Vinci.
59. Paysage avec animaux. Genre d'Omegamp.
60. Paysage, sur bois. Signé Vaslin.

M. BOHINEUST.

Manuscrits.

61. Livre de prières avec vignettes et rinceaux. (XVe siècle.)

M. BONJOUR, architecte.

Tableaux.

62. Portrait d'un abbé. Signé Jouvenet jeune.

63. Portrait d'homme. Attribué à Natoire.
64. Portrait de femme. Attribué à Natoire.
65. Moïse retiré des eaux. Bertin.
66. Marine, demi-paysage. Signé Feeman.
67. Bal champêtre. Chasles.
68. Concert. Chasles.

Pastels.

69. Portrait de la Rosalba, par elle-même.

M. BOULLET aîné.

Tableaux.

70. Intérieur flamand. Signé Zorg.

Mme BOUSSIN, à Brissac.

Pastels.

71. La Peinture, allégorie, deux pendants, sous le même numéro. Mme Lebrun.
72. Une nymphe et des enfants couchés. La même.

M. BRÉCHET, de St-Georges-sur-Loire.

Émaux.

73. Saint Joseph.
74. La Magdelaine.

M. Le Duc de BRISSAC.

Tableaux.

75. Portrait du maréchal de Cossé. Tournières.
76. La maréchale de la Meilleraie, née Brissac. Le même.

Le génie qui couronne la duchesse est présumé de Lebrun.

77. Portrait de l'acteur Baron. Rigaud.
78. Portraits de Catherine de Gondy, duchesse de
Retz et de Marguerite de Gondy, duchesse
de Brissac. Signé Mignard.
79. Portrait de La Fontaine.
80. Portrait d'une dame du temps de Louis XIV.
81. La Madelaine aux pieds de J.-C. D'après Lebrun.
82. Saint Louis sur son lit de mort. Joseph de
Champaigne.
83. Portrait de Louis XV dans sa jeunesse.
84. Les joueuses d'osselets. Signé Brenet.
85. Une halte. Le Pan.
86. Ruines antiques. Robert.
87. La tonte des moutons. Genre du Bassan.
88. Les vendanges ; pendant. Même genre.
89. Portrait. Attribué à Holbein.
90. Portrait de Mme Dacier, tenant à la main celui de
son mari. Netscher.
91. Cadre renfermant différents portraits en miniature, dont un sur émail. Thouseau, pein-
tre de Genève.
92. Deux aquarelles ; paysages historiques. Casas.
Sous le même numéro.

Pastels.

93. Portrait d'un duc de Brissac. Mme Lebrun.

Tapisseries.

94. Sainte Famille. Attribuée à la fabrique de
Bruges.
95. Un évangéliste.

M. de BUZELET.

Tableaux.

96. Un repas; sur bois.
97. Le lavement des pieds; sur cuivre.

Mmes du CALVAIRE.

Tableaux.

98. Tête de Christ; sur bois.
99. Tête de Vierge; sur bois.
100. Entrée de Jésus à Jérusalem; sur bois. (16ᵉ
siècle.)
101. Portement de Croix; sur bois. (16ᵉ siècle.)
102. Naissance de J.-C; sur cuivre.
103. La Vierge, l'Enfant–Jésus et Saint Jean.
D'après Piètre de Cortone.

M. A. CAUVILLE.

Tableaux.

104. Les disciples d'Emmaüs. Genre de P. Véronèse.

Gravures.

105. Les mauvais anges; d'après Lebrun. Loir.

Mme CÉCILE, de l'Oratoire.

Tableaux.

106. Sainte en prières. Genre d'Holbein.

Gravures.

107. Descente de croix ; d'après Lebrun. Audran.
108. Martyre de Sainte Cécile.

M. de CHARNACÉ.

Tableaux.

109. Portrait d'un Charnacé. Largillière.
110. Cheval coureur; sur bois.
111. La reine Cléopâtre. Marquetti.
112. Portrait d'un officier; miniature.

Mosaïques.

113. Deux oiseaux, sous le même n°.

Gravures.

114. Défaite de l'armée Espagnole par les troupes de
   Louis XIV, en 1667 ; d'après Lebrun. Leclerc.
115. Siège de Tournay, sous la conduite de Louis
   XIV, en 1668; d'après Lebrun. Leclerc.

Mme de CHATEAUBRIANT.

Tapisseries.

116. Saint-Jacques.

Gravures.

117. Charles Ier; d'après Van Dyck. Robert Strange.

118. Henriette d'Angleterre; d'après le même. Robert Strange.

119. Télémaque dans l'île de Calypso; d'après J. Le Raoux. Beauvarlet.

120. L'école d'Athènes;

121. La messe;

122. Le parnasse;

123. Attila devant le Pape;

Ces quatres sujets d'après les loges de Raphaël. Joannes Volpato.

M. de CHEMELLIER.

Tableaux.

124. Adam et Eve dans le paradis terrestre.

125. Nature morte. Signé Mar. de V....

126. Saint-Bruno en prière. D'après Lesueur.

127. Portrait, miniature. Augustin.

M. CHESNEAU aîné.

Tableaux.

128. Paysage, Rébecca et Eliézer; sur bois. Breughel le vieux.

129. Paysage d'hiver, noce flamande. Genre du même.

130. La naissance de J.-C.; sur cuivre.

131. Deux paysages; fixés.

M. CHESNEL, professeur de peinture.

Tableaux.

132. La Vierge et l'Enfant-Jésus. Attribué à Van Dyck.

Dessins.

133. Etude de portrait à la mine de plomb. Signé Rigaud.

M. CLAVIER.

Tableaux.

134. Résurrection de Lazare ; esquisse attribuée à Jouvenet.

135. Un camp sous Louis XIV. Martin.

136. Suzanne. Vien.

137. Tête de Vierge. Pedroni.

Pastels.

138. Un chat.

Gravures.

139. Corps-de-garde espagnol. D'après Valentin.

M. CORBIN, professeur de dessin.

140. Notre-Dame de compassion. D'après Champaigne.

141. Saint Bruno et l'Enfant-Jésus. Genre des Carrache.

142. Portrait de prêtre.

143. Tête de vieillard, étude.

144. Tête de Saint Jean.

Dessins.

145. La circoncision.

M. DAINVILLE.

Dessins.

146. Portrait de la Tournelle. Augustin.

Gravures.

147. Chemin de la Croix, d'après Mignard. Audran.

M. DANGER père.

Tableaux.

148. Jésus portant sa croix ; sur cuivre.

M. DANGER fils.

Tableaux.

149. Marine. Lallemand.
150. Marine, tempête. Le même.
151. Gibier, nature morte. Genre de Weenix.
152. La terre, sur bois. Genre de Breughel.
153. L'eau, pendant. Même genre.

M. DAUBAN.

Dessins.

154. Paysage à la plume, d'après Van Ostade ;
original de gravure. Amélie Châtaigné.
155. Paysage, d'après le même. La même.
156. Etude d'arbres.   La même.

M. DELAPORTE.

Tableaux.

157. Repas de Jésus chez le pharisien. Ecole véni-
tienne.
158. Esther présentée à Assuérus. Signé Paolo
Cagliari.
159. Fleurs et fruits. David de Heem.
160. Moïse sauvé des eaux.
161. La sainte face, sur bois.
162. Noce villageoise. Genre de Teniers.
163. Paysage avec figures ; effet de midi.

M. DELAUNAY-BAZILE.

Tableaux.

164. Paysage , Sainte famille. Stella.

M. DENAIS.

Tableaux.

165. Jésus insulté par les Juifs, avec encadrement
de grisailles; sur cuivre. Genre des Franck.

M. DEREPPER.

Gravures.

166. Bataille d'Alexandre.
167. Triomphe d'Alexandre.
168. Alexandre visitant la famille de Darius.
169. Porus devant Alexandre.
170. La bataille d'Arbelles.
Ces cinq sujets d'après Lebrun. Audran.

M. DERUINEAU.

Tableaux.

171. Décollation de S.t Jean. Pierre.
172. Fleurs et fruits. Vidal.
173. Bataille. Attribué à Van Der Meulen.
174. Bataille. Attribué au même.
175. Tête de jeune fille. Genre de Greuze.
176. Saint François d'Assise en extase. Attribué
     à Louis Carrache.
177. Fleurs et fruits. J. Van Heck de Flandre.
178. Jésus insulté par les Juifs, avec encadrement
     de grisailles ; sur cuivre. Genre des Franck.
179. La France, allégorie.

Vitraux.

180. Le Père Eternel.

Gravures.

181. Vénus caressant l'amour ; d'après Battoni.
     Porporati.

M. DOMINIQUE, sculpteur.

Pastels.

182. Tête du Christ ; d'après Mignard. Signé
     Thouesse.

M. DUBORD.

Tableaux.

183. Bouquet de fleurs. Attribué à Van Huysum.

M. DUPERRAY.

Tableaux.

184. Portrait d'homme. Ernou de Saumur. (XVIe siècle.)
185. Portrait d'homme. Le même.
186. Portrait de femme. Le même.

M. ECKAR.

Gravures.

187. Le crucifiement, d'après Rubens.

M. GAULAI, de Saumur.

Tableaux.

188. Vieillard en méditation , sur bois. Genre d'Albert Durer.

Emaux.

189. Crucifiement.
190. Même sujet.

M. GAULTIER , Président de la Société d'Agriculture, Sciences et Arts.

Tableaux.

191. Jeune fille jouant avec un serin. Genre de Greuze. Vien.
192. Portrait d'une jeune fille , sur bois. Attribué à Raphaël.

Ce tableau, non connu en France, a long-temps fait partie du cabinet d'un prince italien ; il y passait pour une œuvre des premiers temps de Raphaël, c'est-à-dire de l'époque où il suivait encore les traditions du Pérugin son maître. L'on peut voir dans le Musée royal, à Paris, sous le n.º 587, un petit dessin à la plume de Raphaël, qui offre des rapports frappants avec le tableau en question, soit dans la pose des figures, soit dans les accessoires et même dans le fond du paysage.

192 *bis*. Sainte Catherine et deux Anges; elle vient de recevoir la palme du Martyre; sur cuivre. Attribué au Guide.

193. La Vierge, l'Enfant-Jésus, et un Ange qui lui présente des fruits; sur bois. Attribué à l'Albane ou à Carle Maratte.

194. La Vierge et l'Enfant-Jésus. Attribué à Carlo Dolci.

195. Un chanteur tenant un verre à la main. Attribué à Gérard Honthorst.

196. Une chasse. Attribué à Pierre Wouvermans.

197. Le jeu de piquet, sur bois. Signé J. Leduc.

198. Jeune fille tenant une chandelle, sur bois; effet de nuit. J. Schalken.

199. Une collation. Attribué à Carl de Moor.

200. Deux nymphes se parant de fleurs. Le chev. Adrien Vanderwerf.

201. Portrait de Lulli, sur bois. Pierre Vanderwerf.

MM. GAULTIER et PLANCHENAULT.

Tableaux.

202. Tête de Vierge. Attribué à Raphaël.

203. La Sainte famille. Attribué au Titien.
204. Ecce Homo. Solari.
205. Saint Pierre repentant. Ribera.

Le Conseil municipal, par sa délibération du 25 mai, a décidé que ces quatre tableaux seraient ac-quis pour le Musée de la ville.

M. GENEST, pharmacien.

Tableaux.

206. Saint François aux stigmates.

Vitraux.

207. Trois sujets, sous le même numéro.

M. GERNIGON.

Tableaux.

208. Portrait de Henri III, sur bois. Genre de Porbus.

M. GIRARD, de Sablé.

Tableaux.

209. Fleurs.

Dessins.

210. Composition pour un plafond. Attribué à Mignard.

M. V. GODARD-FAULTRIER.

Gravures.

211. Jésus guérissant les paralytiques, d'après Jou-vénet. Desplaces.

212. Les filles de Jethro, d'après Lebrun. Audran.

213. Jésus portant sa croix , d'après Mignard. Audran.

214. Descente de croix, d'après A. Carrache. Franc de Poilly.

215. Moïse et les Pharisiens devant Pharaon, d'après le Poussin. Franc de Poilly.

216. Martyre de Saint André, d'après le Guide. Audran.

217. Baptême de Jésus-Christ, d'après l'Albane. Audran.

218. Lecture de la Bible, d'après Greuze. Martenasie.

M. GOIRAND, de Thorigné.

Tableaux.

219. Portrait de famille.
220. Portrait de famille.

M. GOIRAND (Henri), de Thorigné.

Tableaux.

221. Borée se métamorphosant en cheval marin. Ant. Coypel.

Manuscrits.

222. Deux livres de prières, avec vignettes ; sous le même numéro.

Gravures.

223. Magnificat, d'après Jouvenel. Simon Thomassin.

224. Cuisinière hollandaise, d'après G. Metzu.
J. G. Will.
225. Portrait de la mère de Gerard Dow, d'après
G. Metzu. J. G. Will.

M. GOUMENAULT.

Tableaux.

226. Intérieur de Bibliothèque, avec des vases de
porcelaine.
227. Intérieur de Bibliothèque, avec instruments
de musique.
228. Fruits et vaissellier.
229. Une table avec vases et bougies.
Tous les quatre attribués à Sauvage.

M. GOURY.

Tableaux.

230. Agar et Ismaël dans le désert. Jacques Stella.
231. Vénus et l'Amour piqué par une abeille. Attribué à Louis Boulogne.
232. La petite curieuse. Bounieu.
233. Le tendre désir. Copie d'après Greuze.
234. La jardinière au masque. Laurent Lippi.
235. Scène de déluge. Pietro Testa.
236. S.t François aux stigmates.
237. Les vidangeurs, pochade. Signé Murillo.
238. Quatre tableaux en pierres dites *de Ruines* ou
de Florence, sous le même numéro.

Mosaïques.

239. Deux oiseaux, sous le même numéro.

M. DE LA GRANCIÈRE, Curé de S.te-Thérèse.

Gravures.

240. Vue de S.t-Pierre de Rome. Piranèse.
241. Intérieur de S.t-Pierre. Le même.

M. GRILLE, Bibliothécaire honoraire.

Tableaux.

242. Portrait du roi René d'Anjou, sur bois, par
    lui-même.

> L'époque de ce tableau remonte aux premiers temps de
> de la peinture à l'huile.

243. Portrait de François de Scepeaux, maréchal
    de France. Janet.
244. Portrait d'une femme en costume de veuve,
    sur bois; présumé celui de Renée Leroux,
    épouse du maréchal. Le même.
245. Noble Vénitien, sur bois. Antoine de Trente.
246. Noble Vénitien, sur bois. Le même.
247. S.t François d'Assise, en prière. Attribué à
    Annibal Carrache.

Gravures.

248. La théologie, d'après Raphaël. Morghen.
249. La poésie, d'après le même. Le même.
250. L'amour endormi, d'après le Guide. Strange.

M. GUÉRIN (Florimond).

Tableaux.

251. Paysage. Signé Wynauts.

M. GUÉRIN, de Rochefort.

Tableaux.

252. Fleurs. Ecole hollandaise.

M. GUIGNARD.

Tableaux.

253. Tabagie. Copie de Teniers.

Mme veuve GUILLIN.

Tableaux.

254. Vénus et les Nymphes. Natoire.
255. Naïades. Le même.
256. Bataille, attaque d'un fort. Attribué à Courtois dit le Bourguignon.
257. Lendemain d'une bataille. Le même.
258. Paysage avec animaux ; sur bois. Attribué à Berghem.
259. Couronnement d'Esther. De Troy.
260. Évanouissement d'Esther. Le même.
261. Décollation de S.t Jean, sur bois. D'après Rubens.
262. Jugement de Salomon. D'après le même.

M. GUILLORY aîné.

Gouaches.

263. Un marché de volailles ; éventail.

Gravures.

264. Le pédicure , aquatinte.

M. HAWKE.

Tableaux.

265. Paysage. Genre de Guaspre Poussin.
266. Flamands à table. Genre des Ostade.

Dessins.

267. Jugement de Pâris. Genre de Mantegna.

HOSPICE général.

Tableaux.

268. Jésus descendu au tombeau. Signé A. Stella (1695.)

> Ce tableau, détaché du maître-autel de la cha-pelle, est revêtu d'un blason présumé celui du donataire.

M. HUARD.

Tableaux.

269. Bataille , assaut de cavalerie. Zauzers.
270. Bataille , prise d'un fort. Le même.
271. Fruits et animaux. Oudry.
272. Paysage des environs de Lyon ; effet de matin. Bruandet.

273. Paysage. J. Hue.

274. Paysage. Le même.

275. Départ pour l'armée. Signé Watteau.

276. Retour de l'armée. Signé du même.

277. Femme pinçant du luth. Leprince.

278. Rébecca recevant les présents d'Eliézer. Tintoret.

279. L'adoration des Mages. Genre de Bassan.

280. Sainte Famille. Genre de Carlo Dolci.

281. Intérieur de pharmacie. Ecole de Teniers.

282. Les quatre éléments. (Sous le même n°.) Keyssel.

283. Saint Jean dans le désert, avec fond de paysage. Deuner.

284. Sainte Famille, avec fond de paysage. Le même.

Mosaïques.

285. Deux vases (même numéro).

286. Trois oiseaux (même numéro).

M. HUAU, de Bazouges.

Tableaux.

287. Sainte Famille visitée par les anges, sur cuivre. Le Parmesan.

M. HUTTEMIN.

Tableaux.

288. La conversion de Saint Paul, sur cuivre. Tempesta.

Mme veuve JOUBERT.

Tableaux.

289. Une bataille. Swebach.
290. Des soldats. Le même.
291. Intérieur de ménage, fileuse au rouet, sur bois.
292. Intérieur, buveurs flamands, sur bois.
293. Paysage, sur bois.
294. Paysage, un temple, sur bois.
295. Paysage, la prairie, sur bois.
296. Des poissons.
297. Paysage, avec figures, sur bois.
298. Paysage et animaux. Genre d'Omegamp.
299. Paysage et animaux, sur bois.
300. Paysage et animaux, sur bois.
301. Jeune fille italienne en prière devant une croix. Léopold Robert.

Gravures.

302. Enlèvement de Déjanire, d'après le Guide.
303. Education d'Achille, d'après le Guide. Berwic.

M. JOUSSELIN, de Rochefort.

Tableaux.

304. Tête du Christ, sur bois. Genre de Lucas de Leyde.
305. Tête de la Vierge ; pendant.

M. KLEIN.

Tableaux.

306. Paysage, sur bois. Swagers.

307. Paysage, sur bois. Le même.

307 *bis*. Deux sujets religieux.

M. G. LACHÈSE.

Gouaches.

308. Marine. Mme Silvy.

M. LANGE, de Saumur.

Tableaux.

309. Saint-Bruno. Ecole italienne.

310. Portrait d'un magistrat. Van Dyck.

311. Acis et Galathée. Genre du Poussin.

312. Louis XIV jeune ; aquarelle.

313. Deux sujets de l'Enéide ; bordure ancienne. (Sous le même n°.)

Manuscrits.

314. Une paire d'heures.

Emaux.

315. Deux grands émaux avec armes de bâtards de France, ayant appartenu à Jeanne de Bourbon, abbesse de Fontevrault. (Sous le même numéro.)

316. Deux grands émaux. Une flagellation et Jésus chez Pilate. (Sous le même n°.)

317. Un médaillon, deux personnages dont l'un est Saint Etienne.

318. Un ange.

319. Deux sujets, émail rouge. (Sous le même n°.)

320. Jésus et Marie. (Sous le même n.º)
321. Saint Louis de Gonzague et Stanislas.

Vitraux.

322. Sainte Radegonde.
323. Trois vitraux. (Sous le même nº.)

M. LANGEVIN.

Tableaux.

324. L'ange et Tobie. D'après Salvator Rosa.

M. LEBIEZ.

Tableaux.

325. Une vierge et l'Enfant-Jésus, avec paysage. S. Bourdon.
326. Un enfant. Attribué à Greuze.
327. Un paysage avec figures. Attribué à Guaspre Poussin.
328. Un paysage avec figures. Attribué au même.
229. Les disciples d'Emmaüs. Genre des Franck.
330. Pendant. Même genre.
331. Marchand de poissons. Ecole hollandaise.
332. Saint Roch ; petit médaillon.
333. Femme tenant un masque à la main ; miniature.

M. LEGLOU.

Manuscrits.

334. Livre de prières avec rinceaux. (XVᵉ siècle.)

M. LEGRIS.

335. Portrait d'un Boisgirault ; médaillon. (1588.)

Mlle LENOIR de VERNEUIL.

Tableaux.

336. Portrait en miniature.

M. LEPRÉ.

Tableaux.

337. La naissance, sur cuivre. Genre des Franck.

M. de LIVONNIÈRE.

Tableaux.

338. Portrait de Pocquet de Livonnière.

MABILLE-OUVRARD.

Tableaux.

339. Portrait présumé de Louis XIV. Mignard.
340. Portrait de Mme de Rochechouart, abbesse et fondatrice de Fontevrault. Attribué à Rigaud.

> Ces deux tableaux proviennent de l'abbaye de Fontevrault.

341. Moïse sauvé des eaux. D'après Coypel.
342. Tête de jeune homme. Attribué à Sébastien Bourdon.
343. Sainte Catherine, sur verre.

Mlle MARAIS, professeur de peinture.

Tableaux.

344. Choc de cavalerie. Le chevalier de Bredel.

M. de MARCOMBE.

Tableaux.

345. Hermite distribuant des chapelets. D'après Greuze.

346. Rendez-vous de chasse. Attribué à Swebach.

347. Combat de cavalerie. Attribué à Van Der Meulen.

348. Paysage de Flandre. D'après Van Decker.

M. MENARD.

Manuscrits.

349. Livre de prières, avec vignettes et rinceaux. (XVe siècle.)

> Ce manuscrit, provenant du couvent de la Beaumette, est attribué par la tradition à René d'Anjou.

Mme MENARD.

Manuscrits.

350. Livre de prières, orné de vignettes et rinceaux, reliure gaufrée avec agraffes d'argent. (XVIe siècle.)

M. MERCIER, conservateur du Musée.

351. Un cheval. Géricault. (Donné par l'auteur au propriétaire.)

M. ANATOLE de MIEULLE.

Tableaux.

351 *bis*. La Magdelaine.

M. le marquis de MONTAIGU.

Tableaux.

352. Bacchanale d'enfants; sur bois. Attribué à Jules-Romain.

> Ce panneau a été détaché en 1830 d'une boiserie de cheminée du château de Combre, autrefois le prieuré de Saint-Aubin-de-Trèves.

M. MORDRET.

Tableaux.

353. Massacre des innocents.
354. Saint Joseph et sa famille.
355. La fuite en Egypte.
356. Même sujet.
357. Jésus chez les docteurs.
358. La Circoncision.

> Ces six tableaux, peints sur bois et des deux côtés, par un procédé antérieur à celui de la peinture à l'huile, appartiennent à différentes époques de la primitive école allemande.

359. L'adoration des Mages. Van Eyck. (XIVᵉ siècle.)

> Sur les volets de ce triptyque qui forme la décoration d'un tabernacle sont peints à l'intérieur

des personnages en prières et deux anges au-
dehors. Il a fait long-temps partie de la galerie
du Palais-Royal.

360. Fruits. Signé P. A. M.

361. Une distribution de pain, d'après Teniers. Signé Metzing.

362. Un déjeûner. Kalf. (1685.)

363. Tête de Vieillard. Ecole de Rembrandt.

364. Un calvaire. Genre des Franck.

365. Intérieur d'église. Attribué à Peeter Neefs.

366. Adam et Eve. Attribué à Bloëmaert ou à
Rottenhamer.

367. Le compteur d'écus. Attribué à Steen.

368. Fumeur en extase.

369. Des lecteurs. Des buveurs. (Sous le même
numéro.)

370. Grande guirlande de fleurs et fruits. Jean
Heem. (1650.)

371. Paysage, animaux passant un gué. Genre de
Berghem.

372. Une Magdelaine.

373. Une Vierge.

374. Une Sainte en prière.

375. Adoration des Mages, sur bois, avec encadrement de médaillons et d'arabesques. (16.ᵉ
siècle.)

376. Une sainte face, sur bois. (16.ᵉ siècle.)

377. Adoration des Mages, sur bois. (15.ᵉ siècle.)

Le rapport de ce tableau, trouvé dans la cha-

pelle de Vaux, commune de Montreuil - sur -
Loire, ancienne habitation du roi René d'Anjou,
avec les peintures qu'il nous a laissées, a fait
présumer qu'il pouvait en être l'auteur.

378. Un hermite. Signé Joseph Vernet.

379. Scène pastorale. Genre de Watteau.

380. Des gueux. D'après Jacques Callot.

381. Partie de campagne; costumes du temps de
Louis XIII.

382. Le balcon ; même temps.

383. Scène pastorale. Genre de Boucher.

384. Vierge espagnole.

Cette vierge, noire ainsi que l'enfant, et couverte
de pierres précieuses, est la reproduction exacte
d'une statue en bois de l'église de Badajos.

385. Jésus au Jardin des Olives, sur lave.

386. Trahison de Judas, pendant.

Pastels.

387. Portrait de Mansard.

388. S.t Pierre.

Emaux.

389. Environ deux cents émaux, exposés tant à
nu que sous châssis, parmi lesquels une collection des douze Césars, et des portraits
de personnages illustres, des sujets historiques, etc.

Vitraux.

390. Le prophète Élie.
391. Deux personnages en prière.
391 *bis*. Personnage présumé le maréchal de Gié.

> Ces trois fragments, de la fin du 15.e siècle, pro-
> viennent du château du Verger.

392. Histoire de la Vierge, en six compartiments.
393. Deux armoiries. Même n°.
394. Le Colin-Maillard; les Rameaux. Même n°.
395. Six croisées garnies de vitraux, au nombre de
176.

Gravures.

396. L'entrée de Marie de Médicis aux Ponts-de-Cé;
d'après Rubens. Ch. Simoneau.

M. MOREL.

Vitraux.

397. Huit sujets, sous le même n°.

M. NÉGRIER.

Tableaux.

398. La devineresse. Attribué à Watteau.

M. de NERBONNE.

Tableaux.

399. Nature morte. Desportes.

400. La Vierge et l'enfant Jésus, présentant le rosaire
à Saint François; sur cuivre. Ecole française.
401. Le ménage du savetier ; genre de Dietrich.
Attribué à Sebask.

Mme NOURRI.

Tableaux.

402. Portrait du régent.

MM. PAIGIS, GAULTIER ET BOULLET-LACROIX.

Tableaux.

403. Portrait de famille. Philippe de Champaigne.

M. PIOGÉ.

Manuscrits.

404. Livre de prières orné d'images. (XIVe siècle.)

M. PLANCHENAULT.

Tableaux.

405. Une Vierge et l'Enfant-Jésus. Ecole romaine.
406. Fruits.

M. PRUS.

Tableaux.

406 *bis.* La création. Breughel de Velours.

M. de PUISARD.

Tableaux.

407. Paysage. Petit.

M. le comte Th. de QUATREBARBES.

Tableaux.

408. La Magdelaine.
409. Portrait d'un Quatrebarbes.
410. Un vase de fleurs.

M. QUELIN.

411. Louis XIV enfant et Anne d'Autriche régente ; grisaille. Lebrun.

> Ce maître peignait presque toujours ainsi les ou-vrages qu'il voulait livrer à la gravure.

412. Portrait présumé de Mme de Vendôme. Attribué à Mignard.
413. Portrait de Mme Deshoulières. Attribué au même.
414. Portrait de Rigaud ; esquisse, par lui-même.
415. Jésus au tombeau ; répétition en petit du tableau n° 268.
416 La Visitation, sur bois. Genre de Champaigne.
417. Rébecca au puits. Attribué au Poussin.

> Provenant du cabinet de Vien.

418. Une grande marine. Signé Lacroix.
419. Les quatre instants du jour. (Sous le même n°.) Signé Lacroix.
420. Petit paysage ; esquisse. Signé Bruandet.
421. Paysage. Attribué à Francisque Millet.

422. Vase de fruits. Attribué à Desportes.

423. Portrait d'un maréchal. Attribué à Rigaud.

424. Une dame de la cour de Louis XIV.

425. Femmes présentant des fleurs. Lancret.

426. Deux fixés, sous le même n°. Attribué à Bertin.

427. Portrait de Mme de Joinville.

428. Portrait.

429. Paysage; médaillon retouché. Patel.

430. Sainte famille; miniature. Signé Mancine Boulogne.

431. Saint François d'Assise en extase. Signé Bronzino.

432. Crucifiement de Saint Pierre, sur cuivre. Carravage.

433. La naissance et la mort. D'après le Guide.

434. La Magdelaine.

435. Conversion de Saint Paul; esquisse. Locatelli.

436. Tête de Vierge.

437. Fleurs. Attribué à Mario di Fiori Romano.

438. Conversion de Saint Paul, sur bois. Attribué à Jules Romain.

439. S.t François. Attribué au Guide.

440. Tête d'une sainte femme. Genre des Carrache.

441. Sainte famille ; esquisse. Attribué au Corrège.

442. Andromaque.

443. Vierge et tête de Christ, sujet mystique ; médaillon. Vieille école allemande.

444. Paysage. Asselyn.

445. Grand paysage, bergers.

446. Saint Jérôme méditant sur la mort.

> La répétition de ce tableau est au Musée Aguado, sous le nom de *Van Dyck.*

447. Salomon sacrifiant aux faux dieux, sur bois ; très endommagé. F. Franck.

448. Frappement du rocher. Le même.

> Ces deux tableaux proviennent du cabinet de M. Santo Domingo.

449. Christ. Ecole de Van Dyck.

450. Vase de fruits. Attribué à Van Huysum.

451. Corbeille de fruits. David de Heem.

452. Le prophète David recevant l'inspiration de l'ange. Ecole de Rembrandt, attribué à Keilh.

453. Paysage. Ecole de Berghem.

454. Paysage avec animaux.

455. Paysage. Van Der Hi.

456. Le Christ mort et pleuré par la Vierge.

457. Portrait d'une dame anglaise. Ecole anglaise.

458. Portrait d'une dame anglaise. Même école.

459. Fleurs et médaillons, fond de grisaille. (Quatre sujets sous le même n°.) Van Spaendonck.

> Ces tableaux étaient destinés à servir de dessus de porte au cabinet de M. de Livois.

460. Paysage avec animaux.

461. Baptême de notre Seigneur. Ecole des Franck.

462. Paysage avec figures d'hommes et d'animaux.

463. Adoration des Mages, sur cuivre. Th. Wit.
464. Petit paysage ; étude.
465. Petit paysage ; étude.
466. Une halte. Signé Noter.
467. Paysage. Breughel de Velours, avec figures dans le genre de Rubens.

Apporté d'Italie par le Commandant Bellecour.

468. Paysage. Coxis.
49. Paysage.
470. Deux grisailles. (Même n°.) Signé Hilker.
471. Neuf tableaux sur cuivre, formant autrefois la décoration d'un vieux meuble. (Sous le même n°.)
472. Christ au tombeau ; sur cuivre.
473. Petit paysage avec figures. Attribué à Loutherbourg.
474. Petit paysage. Attribué à Teniers.
475. Portement de croix ; sur cuivre. Signé Cano.
476. Fragment d'un tableau espagnol.

Gouaches.

477. Deux paysages ; pendant. (Sous le même n°.) Guip.

Dessins.

478. Intérieur de cuisine.
479. Paysage à la plume.
480. Sujet mythologique. Attribué à Jules Romain.

481. Etude pour une composition religieuse. Signé
    Palme le Vieux.
482. Paysage à la plume ; un hermitage.
483. Sujet mythologique. Signé Boucher.
484. Le temps qui enlève la beauté. Signé Desma-
    rets.

Manuscrits.

485. Livre de prières, orné de miniatures, avec
    entourage de vignettes et arabesques à den-
    telle. (XVIe siècle.)
486. Feuille détachée ; David jouant de la harpe.
    (XVe siècle.)

Émaux.

487. Jésus devant Pilate.
488. La Vierge et l'Enfant-Jésus. Signé Naudin.
489. Deux médaillons représentant des saints. (Sous
    le même n°.)
490. Saint François.
491. Médaillon; paysage d'un côté et Léda de l'autre.

Vitraux.

492. Composition de divers sujets rajustés.
493. Saint René.

M. RENOU.

Tableaux.

494. Grand paysage, soleil levant. Doix.
495. Portrait de Robert Lefebvre ; par lui-même.

496. Kermesse flamande, sur bois.

497. La Nativité, sur cuivre.

498. Conversation de gentilshommes. Genre de Ter-
burg.

Dessins.

499. Portrait de Gluck ; mine de plomb. Robert
Lefebvre.

500. Portrait de Vogel ; mine de plomb. Le même.

Mme RODAYS.

Tableaux.

501. Une vierge, sur bois.

M. de ROMAIN.

Tableaux.

502. Portrait de Jean-Bart. Provençal.

Dessins.

503. La marchande d'amours. D'après une fresque
d'Herculanum.

Mosaïques.

504. Deux oiseaux, sous le même n°.

Gravures.

505. Six sujets , sous le même n°. Piranèse.

506. La Madone à la chaise. D'après Raphaël , colo-
rié par impression. Ouvrage fait en Italie.

M. ROUSSEAU, peintre.

Tableaux.

507. Sainte Cécile devant l'orgue. Ecole bolonaise.
508. Ruines antiques.

Mme de SAINTSON.

Tableaux.

509. Jésus-Christ au jardin des Oliviers ; sur
    albâtre.

M. le marquis de SENONNES.

Tableaux.

510. Un chien bichon devant une cage.
511. Retour d'animaux et laboureurs à la ferme.
512. Repos de chameaux au désert.
513. Repos d'animaux sur les rives de la Moselle.
514. Rencontre d'un taureau furieux , effet de
    poussière.
515. Le bœuf gras et son cortège.
516. Aquarelle.
Ces sept objets peints par feu P. F. de Lamote-Baracé
    marquis de Senonnes, père de l'exposant.
517. Portrait ; miniature. Attribué à Petitot.

Dessins.

518. Sujet au crayon rouge. Leprince.

M. SOLDÉ.

Tableaux.

519. Naissance de Jésus-Christ.
520. Portrait d'homme.
521. Portrait de femme.

M. de TESCOURS.

Tableaux.

522. Portrait de la duchesse de Richelieu.

Gouaches.

523. Sainte famille. Ollivier. (1628.)

M. de TURPIN de CRISSÉ.

Tableaux.

524. Intérieur de couvent. Le Cœur.
525. Sainte famille. (Répétition de celle du musée
     d'Angers.) Attribué à Mignard.
526. Repas flamand. Henri de Blaye.
527. Crucifiement de S^ت Pierre; esquisse. Subleyras.
528. Martyre des Machabées ; esquisse. Le même.
529. Des Flamands, sur bois; esquisse. Senave.
530. Buveurs flamands. Attribué à Brauwer.
531. Portrait ; miniature. Petitot.

M. VARENNE.

Gravures.

532. Un combat de cavalerie. Edelinck.

Mᵐᵉ VIGER.

Gravures.

533. Bible de Picard.

M. VILLERS.

Tableaux.

534. Paysage. Boucher.
535. Portrait d'une dame du temps de Louis XV.

Dessins.

536. Mariage du duc de Berry.
537. Enterrement, *idem.*
538. Arrivée du convoi à S.t-Denis, *idem.*
539. Chapelle ardente, *idem.*
540. Intérieur d'un édifice égyptien.
541. Tapisserie du cabinet de Louis XVIII.
542. Candélabres et ornements, sous le même n.ᵒ
543. Décoration de théâtre ; porte triomphale.
544. Deux paysages au crayon, sous le même n.ᵒ
545. Forêt enchantée.
   Ces treize dessins au lavis, par Jean Démos-
      thènes Dugourc, ancien architecte du Roi
      d'Espagne et dessinateur de Louis XVIII.
546. Fête au Champ de Mars à Paris ; lavis esquisse.
547. Une place publique ; lavis. Moreau.
548. Un Silène ; esquisse.
549. Ornement ; esquisse. Dugourc.
550. Une carte topographique, attribuée à M. Dé-
      marie , ingénieur en chef. Thonesse.

551. Deux têtes au pastel, même n.º Le même.
552. Quatre dessins chinois, même n.º
553. Un sacrifice ; esquisse. Thonesse.

Gravures.

554. Frontispice dédié à Clément XIV. (Colonne
     triomphale de Trajan.)
555. Bas-relief d'une urne sépulcrale.
556. *Idem* d'un vase antique. (Une bacchanale.)
557. *Idem* ornant la frise d'un vase antique. (Sacri-
     fice d'Iphigénie.)
558. Vue du monument dit le **tombeau de Néron.**
559. Frontispice.
560. Façade principale d'un temple antique.
561. Vue intérieure de la rotonde du **Panthéon.**
562 *Idem* de l'église du Vatican.
563. Vases, candélabres, et ornements antiques,
     même n'.
     Ces douze sujets dessinés et gravés par Piranèse.
564. Prédication de Sᵗ Jean ; C. Maratte. Dupuis.
565. Deux arabesques, même nº.
566. Deux sujets tirés des loges, même nº.
     Tous les quatre d'après Raphaël. J. Volpato.
567. La femme adultère ; d'après Poussin.
568. Paysage ; d'après le même. Bardet.
569. Peste de Florence ; d'après le même.
570. Circoncision de J.-C. ; d'après Boulogne.
571. Portrait de Raphaël ; d'après lui-même. Lar-
     messin.

572. Portrait de Jeanne d'Arragon, reine de Sicile;
    d'après le même. Chereau.
573. Sainte Cécile; d'après le Dominiquin. Picard.
574. Portrait; d'après Mignard. Roullet.
575. La Résurrection; J. Cousin.
576. Enlèvement des Sabines; d'après Poussin.
577. Même sujet; d'après J. Romain. Simoneau.
578. La paix entre les Romains et les Sabins; d'après
    le même. Le même.
579. Prise de Carthagène par Scipion; d'après le
    même. Tardieu.
580. La famille de Coriolan; d'après le même. Le
    même.
581. Les noces de Cana. Tintoret.
582. Jésus-Christ chez Simon; d'après P. Véronèse.
583. Portrait et attributs des arts; d'après Coypel
    fils.
584. Présentation de J.-C. au temple. Rembrandt.
585. La création d'Eve.
586. Triomphe de Titus et de Vespasien; d'après
    J. Romain.
587. Place du Peuple à Rome. Piranèse.
588. Paysage; d'après Wilson.
589. Frises; d'après Raphaël. Même n°.
590. Caricatures.
591. Tentation de Saint Antoine. Callot.
592. Joseph expliquant les songes à ses frères;
    d'après Raphaël.
593. Temple de Salomon.

594. Plafond de la salle de spectacle de Bordeaux.

595. Peste, faisant partie des sept œuvres de miséricorde ; d'après S. Bourdon.

596. Ensevelissement, *idem* ; d'après le même.

597. Jésus-Christ lavant les pieds à ses apôtres ; d'après Mutien. Desplaces.

598. Saint Jean dans le désert ; d'après Raphaël.

599. La Vierge, l'Enfant-Jésus et Saint Jean ; d'après le même.

600. Les buveurs.

601. Les fumeurs.

602. Saint Jean au milieu des docteurs ; d'après Le Prince.

603. La forge ; d'après le même.

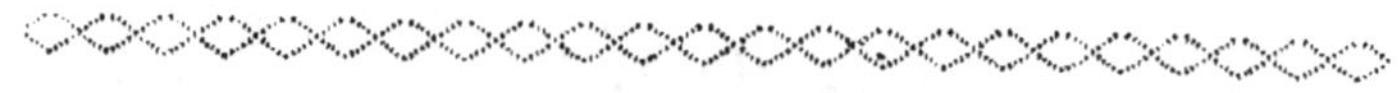

2.ᶜ DIVISION. — SCULPTURE.

M. BAILLOU de la BROSSE, de Saumur.

604. Un Christ en ivoire. Ouvrage italien.

605. Trois statuettes bas-relief, bysantines, en bronze émaillé ; provenant de l'abbaye de Fontevrault. Sous le même n°.

M. RAOUL de BARACÉ.

606. Une Vierge portant dans ses bras l'Enfant-Jésus ; statue de 3 pieds 9 pouces, en marbre blanc de Carrare. (La main droite de la Vierge et la tête de l'Enfant manquent.)

Le caractère de cette Vierge la fait remonter au 15.ᵉ siècle. Sa reproduction dans une des niches extérieures de la cathédrale du Mans semble témoigner de la haute importance artistique dont elle devait jouir à cette époque. Du reste, on peut affirmer, d'après un grand nombre de données historiques, que cette statue toute royale par la matière, le style, ainsi que par le diadème dont elle est couronnée et la fleur de lys qu'elle tenait sans doute à la main, (comme l'atteste celle du Mans encore intacte) était cette même Vierge pour laquelle Louis XI avait une dévotion toute particulière. C'est en 93 qu'elle fut renversée de l'autel de S.t-Laud d'Angers, et ainsi mutilée.

M. BAUGÉ, curé de Candé.

607. Un Christ en ivoire. Donné par Malsherbes.

M. BRÉCHET, de S.t-Georges.

608. Décollation de Saint Jean ; bas-relief en albâtre.

M. de BUZELET.

609. Saint Joseph et Jésus ; bas-relief en bronze.

Mmes du CALVAIRE.

610. Un Christ, en bois de Mahoni.
611. Quatre têtes ; bas-reliefs dorés. Sous le même
numéro.

M. de CHEMELLIER.

612. Thétis plongeant Achille dans le Styx ; statuette en terre cuite. Mosson.

M. COCHEAU, de Durtal.

613. Une porte en chêne du château de Durtal , avec
deux grands personnages , en bas-relief.
(Époque de la renaissance.)

M. COURTIGNÉ-JANVIER.

514. Grande chaise en bois, provenant d'une chapelle des environs de Gouy , près Durtal , et
représentant en relief, sur le dossier, des
martyres de saints, la Vierge, etc. Les enca-
drements des sujets dénotent la fin du XVIe
siècle.

M. DANGER père.

615. Groupe en marbre blanc ; enfants et une chè-
vre. Allégorie.

M. DENAIS.

616. Deux petits bas-reliefs d'ivoire, encadrés ; la
Cène et les disciples d'Emmaüs. Sous le
même n°.

M. DERUINEAU.

617. Buste de Monge, en marbre blanc. Lestrade.
(1812.)
618. Masque; tête de Méduse, en albâtre.

M. GOURY.

619. Un cadre renfermant cinq figures nécroman-
tiques, fixées sur un fond en toile de lin,
provenant d'une enveloppe de momie égyp-
tienne.
619 *bis*. Buste de Napoléon et attributs, relief ;
encadrés.

M. GRILLE, bibliothécaire honoraire.

620. . . . .

La très grande quantité d'objets que la collection de
M. Grille fournit à cette division, et qui sont exposés dans les montres de la grande salle, com-
prises sous ce numéro, ne nous permet pas d'entreprendre leur énumération suivant les temps et
les peuples. Mais, grâce à l'ordre de distribution
dans lequel ces objets sont classés, et au moyen
d'étiquettes placées *ad hoc* dans ces mêmes
montres, les amateurs n'en seront pas moins à

même de connaître et de suivre avec facilité la collection. Ainsi, l'une des montres numéro 624 présente la série des antiquités grecques et romaines, d'autant plus remarquable qu'elle s'ouvre par les masques, médaillons, vases, patères, etc., provenant de la découverte d'Alençon. — Dans une autre sont placés les monuments celtiques ou gaulois, lesquels y sont suivis des monuments des 10.e, 11.e et 12.e siècles. — Viennent ensuite les monuments bysantins et gothiques; puis après ceux de la renaissance, jusques et y compris le règne de Louis XV.

Indépendamment de ces objets établis dans un ordre chronologique et régulier, plusieurs petits tableaux peints à l'huile, des gouaches, des émaux, des vases de Bernard Palissy, des vases et ustensiles d'or et d'argent servant au culte catholique, n'ayant pu trouver à se placer convenablement dans les autres salles de l'Exposition, figurent naturellement dans les montres; et l'ordre systématique établi ci-dessus n'en reçoit pas la moindre atteinte, attendu que ces objets ou occupent le fond desdites montres, ou s'y trouvent rangés sur les côtés. — De ce nombre sont plusieurs bustes et médaillons en marbre, d'une certaine dimension, quelques bas-reliefs. Des armes, des armures appartenant à différentes époques ont aussi pris place en avant de quelques imageries calcographiques et paléographiques, et ne peuvent, nous le pensons, être dénuées d'intérêt pour les amateurs.

M. GUILLORY, aîné.

622. Une vierge, l'Enfant-Jésus et saint Jean, en ivoire.

M. HAWKE.

623. Un groupe de figures, fragment de bas-relief;
provenant de l'église de St-Aubin d'Angers.

M. L. JANIN, de Tiercé.

624. Un diptyque, en ivoire, représentant la naissance et la mort de Jésus. (XVe siècle.)

M. LANGE, de Saumur.

625. Groupe d'évêques, en bronze.
626. Deux évangélistes ; statuettes bas-reliefs,
bysantines.
627. Une vierge, en bois, statuette ; provenant de
St-Maurice d'Angers.

M. LEPRÉ.

628. Deux petits bas-reliefs, en albâtre. Sous le
même n°.

M. MAMERT.

629. Un pélerin ; statue en pierre, de quatre pieds
de hauteur, mutilée en 93 ; provenant de
l'ancienne église de Lesvières.

M. MORDRET.

630. Un Christ en ivoire, d'un seul morceau.
631. Vierge en ivoire.
632. Deux statuettes en pierre, dorées ; provenant
de l'ancienne église de Saint Pierre d'Angers.
(XIVe siècle.)

633. Deux statues tumulaires d'homme et de femme couchés, en pierre. (XVe siècle.)

> Ces statues ont été mutilées en 93, et enlevées de leur tombeau, dans une chapelle près Passavant.

634. La fuite en Egypte ; bas-relief en bois. (XVe siècle.)

635. Deux panneaux ; sujets de la passion. Même numéro.

636. Un Christ sur les genoux du Père éternel ; bas-relief en bois.

637. Un calvaire ; provenant de Saint Mainbœuf.

638. Deux têtes de pélerins, bas-relief. (Fin du XVe siècle.)

639. Une sainte ; statuette.

640. Un enfant endormi, en marbre blanc.

641. Un groupe de religieuses, en pierre ; provenant de Saint-Aubin.

642. Couronnement de la Vierge, en marbre, byzantin.

643. Trois médaillons de marbre : le Christ, la Vierge. Portrait de femme. Même n°.

644. Enfance du Christ, en marbre.

645. Sommeil de la Vierge.

646. Une Vierge aux lys, en marbre.

647. Voltaire ; statuette en marbre.

648. Mort de la Vierge ; bas-relief.

649. Un ange.

650. Six panneaux d'un meuble, représentant des sujets religieux. Même n°.

651. La passion ; panneau de meuble.

652. Les apôtres ; panneau de meuble.

653. Annonciation.

654. Deux apôtres.

655. Une adoration.

656. Naissance de Jésus-Christ.

657. Deux têtes ; fragment de meuble. Même n°.

658. Quatre bas-reliefs, en ébène, représentant divers sujets de l'ancien et du nouveau Testament. Même n°.

659. Un calvaire, le baiser de Judas, la résurrection; bas-reliefs coloriés, provenant d'une chapelle près Saint-Denis d'Anjou. Même n°.

660. Quatre bas-reliefs, en bois, coloriés ; provenant de l'église de Saint Maurille. Même n°.

M. de la PERRAUDIÈRE.

661. Un panneau de meuble : les sept instruments de supplice de J.-C; bas-reliefs. (Fin du XVI⁰ siècle.)

662. Un panneau de meuble : naissance, adoration, fuite en Egypte ; bas-reliefs. (Fin du XVI⁰ siècle.)

663. Panneau; bergers avec leurs troupeaux, visités par un ange. (XV⁰ siècle.)

664. Deux panneaux carrés : une tête d'homme et une tête de femme ; bas-relief. (XVII⁰ siècle.)

M. QUELIN.

665. La Justice ; bas-relief en bois.
666. Trois guerriers sous des ogives flamboyantes ; bas-reliefs, provenant de Cunault. (XVIe siècle.)
667. Annonciation ; petit bas-relief, sur bois.
668. Un ange ; fragment de bas-relief, sur bois.
669. Le Père-Eternel entouré d'anges ; bas-relief.
670. Une figure à mi-corps ; bas relief en bois, représentant la Justice.
671. Sainte Barbe, statuette en marbre blanc ; trouvée dans les ruines du château de Vitré.
672. Saint Denis, évêque ; statuette en bois doré ; provenant de l'église Saint-Denis d'Angers.
673. Thuriféraire ; statuette en bois.

M. de ROMAIN.

674. La Cène ; bas-relief, en fonte.
675. Deux cadres d'empreintes de Camées ; en plâtre. Même n°.

3.ᵉ DIVISION. — ORNEMENTATION.

—

M. ALEXANDRE.

676. Un éventail, en talc de Russie.

M. D'ANDIGNÉ de LANCREAU.

677. Un meuble en écaille, marqueté de cuivre. Boule.

M. BAILLOU de LA BROSSE, de Saumur.

678. Un ciboire, en émail.
679. Une coupe, en émail.
680. Un plat. Bernard Palissy.

M. de BEAUREGARD.

681. Un signe de commandant indien, en ivoire.

M. de BELLEFONDS aîné.

682. Un pot hollandais avec personnages, en fayence.

M. BÉRAUD.

683. Neuf vases étrusques, trouvés en Grèce, au lieu où se livra la bataille de Cannes, et faisant autrefois partie de la collection que possède aujourd'hui le musée d'Angers. Même n°.
684. Deux haches celtiques, en pierre. Même n°.

M. le duc de BRISSAC.

685. Une boîte d'ambre, sur le couvercle de laquelle
sont trois miniatures.

M. CACHET.

686. Pot flamand. (1583.)

M. de CHARNACÉ.

687. Tabatière en corne , avec portrait d'officier.

M. CLAVIER.

688. Pot flamand.

M. DENAIS.

689. Coiffure en jais.

On suppose qu'elle a appartenu à Jeanne de Laval ,
seconde femme de René d'Anjou.

M. DOMINIQUE.

690. Un buffet sculpté , en deux parties superposées. (XVIIᵉ siècle.)

FABRIQUE de la commune de Gené.

691. Bas-relief en marbre blanc ; Jésus crucifié.

M. GAULAI , de Saumur.

692. Un rosaire à gros grains , formant reliquaire.
693. Une croix de chevalier du Temple.
694. Une clef, trouvée dans un caveau d'Argenteuil.
695. Pomeau d'épée; tête.
696. Huit sceaux. Même nᵒ.
697. Deux clefs romaines.

M. GOIRAND , de Thorigné.

698. Un Christ en ivoire.
699. Un panneau de vieux meuble; Jésus dans la crèche.

M. GRILLE , bibliothécaire honoraire.

700. Meuble en noyer, forme de grand cabinet, à deux étages. Les quatre évangélistes accompagnés chacun de leurs signes symboliques sont figurés en fort relief et pris dans les panneaux de ce meuble, dont les pieds droits sont décorés de guirlandes. (XVIe siècle.)
701. Meuble en ébène, forme dite *de tabernacle*. Il est porté sur une console en noyer, avec pieds tournés en spirale, et n'a qu'un étage ; les deux vantaux de sa devanture, ornés de bas-reliefs, représentent, l'un l'adoration des bergers, l'autre celle des mages. (XVIIe siècle.)

> Ce meuble, suivant la tradition de la famille Bernard, à qui il appartenait, serait un présent de cour.

M. GUÉRIN GRANDLAUNAY.

702. Un meuble en ébène. (Commencement du XVIIe siècle.)

M. HAWKE.

703. Un encadrement de glace, en bois sculpté. (Fin du règne de Louis XIV.)

704. Une bibliothèque avec deux figurines. (XVIIe siècle.)
705. Un buffet sculpté, en deux parties superposées. (XVIIe siècle.)
706. Bas-relief en bronze ; l'Annonciation.

HOSPICE général d'Angers.

707. Un tabernacle incrusté de pierres. (Fin du XVIe siècle.)

M. HUARD.

708. Une canne en ivoire à poignée sculptée ; l'une de celles que les doges de Venise portaient comme attribut de leur dignité.

M. HUAU de Bazouges.

709. Un buffet sculpté, en deux parties superposées, avec quatre figures allégoriques. (XVIIe siècle.)

M. HUREAU des Ponts-de-Cé.

710. Un chandelier, représentant un homme d'armes du moyen âge.

M. IMBERT.

711. Un plat. Bernard Palissy.

M. du JONCHERAY.

712. Un buffet, avec sculptures rapportées, en deux parties superposées. (Fin du règne de Louis XIV.)

M. LANGE, de Saumur.

713. Un coffret, en bois sculpté.
714. Un reliquaire, représentant les principales actions de la vie de Sainte Valérie.
715. Un autre reliquaire.
716. Un coffret gravé et ciselé, en cuivre argenté.
717. Deux guerriers, bronze émaillé. Ouvrage italien.
718. Un porte ostie, avec l'agneau.
719. Une petite boîte en cuivre doré, garnie intérieurement en étain.
720. Une montre avec corde de boyaux, faite à Angers.
721. Un éperon en cuivre doré. (Fin du XIIIe siècle.)
722. Une tabatière râpe, en fer damasquiné en or.
723. Un bénitier en nacre ; venant de la Palestine.
724. Un reliquaire gothique, sur quatre petits pieds.
725. Une paire de ciseaux dorés. (Moyen âge.)
726. Une bossette émaillée, en cuivre doré.
727. Un vieux pot en grès de Flandre, représentant une bacchanale.
728. Une petite coupe en émail.
729. Deux bossettes en cuivre. Même n".
730. Une boîte émaillée ; genre ciselé.
731. Un pistolet à rouet, gravé sur fer et sur bois.
732. Un autre pistolet à double canon, damasquiné en or.

733. Une vieille épée trouvée à Chalonnes, dans une pile d'un vieux pont.
734. Un fusil à rouet.
735. Six lances avec leur bois. Même n°.
736. Trois fers de lance, dont un trouvé dans le canal de la Dive. Même n°.
737. Deux serrures en fer, dont l'une provient du château du Verger, près Angers. Même n°.
738. Une clef.
739. Une poudrière garnie en fer.
740. Une grande croix en argent doré. Style bysantin.
741. Un coffre en ivoire sculpté. (XIVe siècle.)
742. Un bronze doré et émaillé. Style bysantin.
743. Deux bénitiers en émail. Même n°.
744. Une paire de flambeaux émaillés.

M. LEMOTHEUX, de Châteauneuf.

745. Onze plats et une salière. Bernard Palissy. Même n°.
746. Deux pots flamands.

M. LEROY.

747. Vase bleu, pour fleurs.

M. MÉNARD.

748. Un pot flamand.

M. MENUAU.

749. Un meuble en ébène, à tiroirs recouverts d'écaille. (XVIIe siècle.)

M. de MONTBRUN.

750. Une chaise avec dossier. (Epoque de Louis XIII.)

M. MORDRET.

751. Châsse dorée et sculptée. (Epoque de Louis XV.)
752. Un bahut sculpté, avec figures représentant Jésus dans la crèche.
753. Une chaise en bois, sculptée. (Fin du XVe siècle.)
754. Un coffret en marbre blanc.
755. Quatre plats et une cruche. Bernard de Palissy. Même n°.
756. Deux plats de Faënza. Même n°.
757. Un fusil à mèche.
758. Un fusil à rouet.
759. Divers objets renfermés dans deux montres.

M. V. PAVIE.

760. Reliquaire de S. Romuald, décoré de figures ; provenant de la chapelle de St-Maur. (XVIe siècle.)

M. de la PERRAUDIÈRE.

761. Une soupière oblongue. Bernard de Palissy.

M. PLANCHENAULT.

762. Un dressoir, avec plafond et consoles, orné de figurines et d'arabesques. (XVIe siècle.)
763. Une table soutenue par des griffons. (XVIIe siècle.)

M. QUELIN.

764. Quatre chaises à dossier sculpté, montées en
       tapisseries anciennes. (XVIIe siècle.)
765. Une chaise tournée, garnie en tapisserie.
766. Un panneau de meuble.
767. Un cadre renfermant trois panneaux d'arabes-
       ques. (XVIIe siècle.)
768. Fragment d'une râpe à tabac, en ivoire.
769. Petit reliquaire, en médaillon.
770. Un meuble en deux parties superposées, avec
       quatre griffons formant les angles; figurines,
       arabesques, etc.; provenant du château de
       Beaufort. (XVIIe siècle.)
771. Un meuble en ébène, élevé sur six pieds tour-
       nés, avec courant de baguettes guillochées et
       dessins de fleurs, marqueté à l'intérieur.
772. Un meuble en ébène, élevé sur quatre pieds,
       avec courant de baguettes guillochées, et
       peintures intérieures sur les tiroirs et ven-
       taux. Attribué à Van Bal.
773. Un meuble à deux étages, avec couronnement,
       décoré de figurines et d'arabesques sur les
       ventaux. (XVIIe siècle.)

M. RICHARD, de Savennières.

774. Un vase en faïence.
775. Une grosse montre, en cuivre doré.

M. de ROMAIN.

776. Une croix, en cristal de roche.

M. VILLERS.

777. Saint Nicolas, en bois.
778. Un groupe, en porcelaine.
779. Une tabatière, en lave du Vésuve ; mosaïque.

FIN DE LA NOTICE.

AVIS.

Très incessamment il sera publié un *Supplément,* renfermant un grand nombre d'objets qui figurent à l'Exposition , mais que leur réception tardive n'a pas permis de comprendre dans cette *Notice.*

Ce *Supplément* sera délivré gratuitement aux personnes munies de la *Notice.*